A cozinha de Emma

Receitas de uma família de Mendoza

ZUCCARDI

Catapulta

ÍNDICE

receitas
SALGADAS

receitas
DOCES

CONSERVAS

CONSERVAS *salgadas*

CONSERVAS *doces*

PRÓLOGO

Sem dúvida, um dos grandes planos de domingo ao meio-dia é ir almoçar na casa de Emma, minha avó. Chegamos e tudo está perfeitamente organizado. A mesa, impecável: não falta nem sobra nada. Parece um quadro (embora seja importante esclarecer que, para ela, sempre está tudo bagunçado. Acho que não conheço alguém mais perfeccionista do que a minha avó). Na casa dela, come-se à italiana, ou seja, muito! As entradas são deliciosas: muitas saladas, conservas caseiras, uma torta de vegetais ou um *matambre* recheado. Quando chega o prato principal, você já está satisfeito, mas, obviamente, não pode recusar uma boa massa caseira (às vezes, é lasanha; outras, talharim ou nhoque). É claro que a sobremesa nunca é uma só. Sempre há duas ou três opções: salada de frutas, peras ao Malbec, arroz com leite, pudim e tudo acompanhado de sorvete para os bisnetos! Porque, além de planejar um menu geral, Emma sempre tem o cuidado de pensar no gosto de cada integrante da família em particular.

Se volto à minha infância, definitivamente posso dizer que uma das lembranças mais memoráveis que tenho é a da cozinha da casa de minha avó, onde a mesa sempre estava posta. Era uma espécie de contínuo, e não importava se era hora do café da manhã, do almoço, do café da tarde ou do jantar... a mesa se mostrava perfeitamente posta, houvesse ou não convidados.

Eu, particularmente, gosto muito do café da manhã, e tomá-lo na casa de minha avó é uma experiência absolutamente prazerosa. Tudo é caseiro e feito na hora, do pão para as torradas até os doces, e sempre tem um suco natural. Lembro que, quando meu avô ainda estava conosco, na mesa do café da manhã sempre havia também abacate e alho.

Ela conta que, quando se casou, não sabia nem fritar um ovo. E cada vez que comenta isso, eu a admiro ainda mais porque sinto que aprendeu a cozinhar para ver desfrutar os demais. E não só isso, como também fez da sua cozinha algo com marca própria. Os sabores e aromas da cozinha de minha avó são únicos. Provavelmente, todos nós sentimos isso com a comida de nossas avós, não é?

Para mim, é difícil explicar, mas eu poderia experimentar seus pratos ou sentir o aroma deles com os olhos fechados e saberia que vêm da casa dela; poderia distingui-los perfeitamente. Não são receitas complexas nem nada disso. Pelo contrário, acho que o que as torna únicas é sua simplicidade e o sabor que ela consegue com ingredientes simples. Emma fez de uma cozinha muito natural, com produtos locais (os da sua terra, Mendoza) e com algumas receitas que foram passando de boca em boca –ou que pegou emprestadas de alguns livros– uma cozinha familiar.

E é por essa razão que decidimos fazer este livro. A cozinha de minha avó é parte da história da nossa família: da infância de meu pai, da minha, e hoje é parte da infância de meus filhos. Através de suas receitas, queremos –de alguma forma– contar um pouco da nossa própria história. Também queremos homenageá-la e deixar um registro de sua fortaleza. Porque, além de aprender a cozinhar para todos nós, em especial para o meu avô, trabalhou ao lado dele desde o início da empresa familiar, e ela (talvez como ninguém) é em grande parte responsável pelo que todos nós somos hoje (e pelo que comemos!).

Julia Zuccardi

Quando me casei, meus irmãos zombavam de mim dizendo que eu voltaria logo para casa porque não sabia nada de cozinha. Mas a realidade foi distinta. Embora seja certo que levei um tempo para aprender, diante do panorama de minha ignorância, decidi comprar um livro de culinária. Escolhi o de dona Petrona, e graças a esse manual (um pouco complicado, aliás) comecei minha experiência. Primeiro, com receitas que pareciam mais simples, mas eu gostava de variar e um dia decidi preparar um frango à caçarola com legumes. Como não sabia tirar a pele (morávamos em uma chácara onde havia galinhas, coelhos etc.), pedi à pessoa que ajudava no jardim que fizesse isso por mim. Lavei o frango, o acomodei muito bem na panela e coloquei para cozinhar.

Meu marido gostava da parte da asa; com faca e tesoura para trinchar, recém-estreados e bem afiados, é claro, cortei um pedaço bem generoso para ele e, absolutamente feliz com a minha obra, esperei que se servisse. Quando ele quis provar o primeiro pedaço, caiu, em cima do prato e da mesa, uma chuva de milho: faltou tirar o bucho do frango! Foi engraçado, mas morri de vergonha. No entanto, isso não me frustrou.

Continuei tentando melhorar. Fiz uma lista semanal para o menu do almoço e do jantar. Fui lendo receitas com muita atenção até que peguei prática, e desde então a cozinha foi um de meus lugares prediletos. Por império da necessidade (já que durante o dia eu trabalhava na empresa), cozinhava à noite para o dia seguinte.

Para mim, foi muito gratificante poder cozinhar pratos saborosos para minha família. À medida que ela foi crescendo, desfrutava muito da cotidiana reunião na hora de comer, e preparar coisas gostosas e variadas foi a forma de mimá-los. Ainda hoje adoro ver a mesa cheia de adultos e crianças; é uma alegria que nutre o coração de amor.

Depois de vários anos de casados, meu esposo decidiu se tornar vegetariano, e nós nos adaptamos com gosto à mudança de alimentação. Com toda dedicação, me empenhei a me iniciar como como cozinheira sem a rápida solução que a carne oferece. Aprendi a utilizar os vegetais e as frutas de cada estação. Apesar de a base dessa comida ser sempre vegetais e os pratos aparentarem ser muito simples, as receitas com verduras e grãos requerem bastante elaboração. Mas devo reconhecer que o esforço valeu a pena, já que esta mudança repercutiu de maneira muito favorável na saúde de meu marido e acho que ampliou o paladar da família em geral.

Hoje uma mesa de domingo na minha casa tem variedade de cores e sabores. E apesar de serem todas receitas simples, que podem ser encontradas na mesa de muitas outras famílias, para mim o importante é a qualidade e a nobreza de cada produto e, é claro, poder saboreá-las na companhia daqueles que eu mais amo.

Emma Zuccardi

receitas

SALGADAS

Bolinhos de espinafre

Quando eu entendi que era possível fazer bolinhos de distintos vegetais, de couve-flor, batata, alcachofra..., meu menu se ampliou muitíssimo porque, além do mais, é um prato que sempre nos salva de uma emergência e é muito prático para servir como entrada.

Ingredientes

1 kg de espinafre

3 ovos

3 colheres de queijo ralado

3 colheres de farinha de trigo

3 colheres de farinha de rosca

2 colheres de azeite

Alho e salsinha picados

Sal

Modo de preparo

Cozinho o espinafre no vapor, escorro e pico bem. Misturo o restante dos ingredientes com os ovos batidos. Com a ajuda de uma colher, formo pequenas bolinhas com a preparação e coloco em uma assadeira untada com manteiga (tomando cuidando para que não encostem uns nos outros). Levo para assar até que estejam bem dourados. Também podem ser fritos em óleo bem quente.

Torta de cebola

Ingredientes

Massa

1 xícara de farinha de trigo

4 colheres de azeite

1 ovo

Sal

Recheio

5 ou 6 cebolas grandes

3 colheres de queijo ralado

5 ovos

Modo de preparo

Para a massa, é preciso juntar todos os ingredientes e amassar até que fique bem macia. Se estiver muito seca, acrescentar um pouquinho de água fria. Eu a estico até que se adapte ao tamanho da forma, levando em conta que também precisamos forrar as bordas.

Corto as cebolas em *julienne* e as refogo na frigideira com um fio de óleo e um pouquinho de água. Quando estão bem cozidas e transparentes, tiro do fogo. Acrescento as 3 colheres de queijo ralado e os 5 ovos bem batidos. Despejo essa preparação na forma, sobre a massa, e cubro com cebola crua. Então levo ao forno em temperatura média durante 40 minutos, prestando atenção para que doure por igual.

Sirvo quente, assim que tiro do forno.

Escondidinho de milho

Definitivamente, o escondidinho de milho (assim como o de batata) é uma das comidas favoritas da minha família. Gosto de preparar esta receita porque, acima de tudo, sempre consigo fazê-los repetir o prato.

Ingredientes

24 milhos grandes

2 cebolas

2 tomates médios

1 pimentão

Sal

Pimenta-do-reino

Modo de preparo

Ralo o milho e reservo. Pico a cebola bem pequenininha e refogo com um fio de óleo.

Corto os tomates descascados em pedaços e acrescento na panela. Cozinho bem o pimentão também cortado. Incorporo o milho ralado e temperado. Enquanto cozinha tudo junto em fogo baixo, mexo constantemente, até ficar pronto.

Opcional com carne:

½ kg de carne moída magra

3 ovos cozidos

30 g de manteiga

Noz moscada

Orégano

Sal

Pimenta-do-reino

Modo de preparo

Corto as 2 cebolas em *julienne* e refogo em frigideira com óleo e manteiga. Quando estão cozidas, acrescento a carne e cozinho bem, temperando com orégano, noz moscada, sal e pimenta-do-reino a gosto. Unto uma assadeira com manteiga e coloco a preparação de milho, coberta com o recheio de carne com os ovos cozidos cortados em gomos. Por último, coloco o ovo cozido restante e termino com uma camada do purê de milho.

Levo para assar em forno médio até dourar.

Merluza à parmegiana

Ingredientes

1 merluza
por pessoa

Sal grosso à gosto

Farinha de rosca
suficiente para
empanar

Alhos

Suco de limão
siciliano suficiente

2 colheres
de manteiga

Queijo parmesão

Azeite

Pimenta-do-reino

Modo de preparo

Coloco a merluza cortada em pedaços em um escorredor. Cubro com sal grosso e deixo repousar por alguns minutos. Retiro o sal e lavo bem a merluza.

Em uma assadeira, coloco a merluza passada pela farinha de rosca, o alho bem picado, o suco de limão siciliano, a pimenta-do-reino e a manteiga. Por último, cubro com um punhado generoso de queijo parmesão. Cubro tudo e levo ao forno a 180 °C, e asso durante 20 minutos.

Sirvo com vegetais refogados.

Nhoque de espinafre

Ingredientes

400 g de espinafre

100 g de farinha de trigo

150 g de ricota

1 ovo inteiro

1 gema

50 g de queijo ralado

Pimenta-do-reino

Sal

Modo de preparo

Branqueio o espinafre e aperto bastante para tirar a água. Então o pico bem e acrescento a ricota previamente prensada (para tirar o soro), o queijo ralado, o sal, a pimenta-do-reino a gosto, o ovo e a gema. Amasso bem e corto pequenos pedaços fazendo rolinhos com o garfo para dar a forma. Cozinho em água salgada fervendo. Quanto os nhoques sobem, retiro com uma escumadeira, deixando-os escorrer por alguns segundos.

Em casa, sempre sirvo esses nhoques com molho branco, e os gratino no forno com manteiga e queijo ralado.

Sopa de cebola

Ingredientes

1 kg de cebola

50 g de manteiga

4 colheres de farinha de trigo especial

Água suficiente

1 folha de louro

Sal

Pimenta-do-reino

Modo de preparo

Corto a cebola bem fininha e coloco em uma panela com a manteiga e os temperos.

Uma vez cozida (sem que chegue a dourar), acrescento a água necessária e polvilho a farinha, mexendo constantemente com uma colher de pau. Às vezes, misturo a farinha com um pouquinho de água e então acrescento o restante (a água sempre tem que estar fervendo para não empelotar). Uma vez que os ingredientes estão misturados, e para que fique com uma textura mais agradável, bato tudo no liquidificador e volto a esquentar.

Sirvo com quadradinhos de pão torrados na frigideira e queijo ralado.

Torta de abobrinha

Ingredientes

Massa

150 g de farinha de trigo

1 ovo

50 g de manteiga

Sal a gosto

Água suficiente

Recheio

6 abobrinhas italianas

2 cebolas

3 ovos

Muçarela a gosto

Sal a gosto

Modo de preparo

Massa

Em um recipiente, coloco a farinha de trigo, o sal, o ovo e a manteiga pomada, e acrescento a água aos poucos até obter uma massa mole, para poder esticar com um pau de amassar, deixando-a preferentemente fina. Forro uma forma para torta previamente untada com manteiga e polvilhada com farinha.

Recheio

Pico a cebola e as abobrinhas em cubinhos; levo primeiro a cebola a uma panela com um pouco de óleo e a refogo por alguns minutos, depois acrescento as abobrinhas. Quando está quase cozido, retiro do fogo e deixo esfriar por alguns minutos.

Então acrescento os ovos batidos, o sal e a muçarela em pedacinhos pequenos. Posteriormente, coloco esse recheio na mesma forma e levo ao forno, em temperatura média, por mais ou menos 30 minutos.

Terrina de berinjelas

Ingredientes

8 berinjelas grandes (compridas)

6 tomates

1 pimentão vermelho

4 ovos

1 xícara de queijo ralado

1 xícara de pão molhado em leite

Modo de preparo

Descasco as berinjelas e corto em rodelas de aproximadamente 1 cm de espessura. Cozinho com sal e louro durante 1 hora. Então as escorro bem.

Refogo o tomate previamente descascado, o pimentão e as berinjelas, e deixo esfriar. Uma vez que os vegetais estão frios, acrescento os ovos, o queijo ralado e o pão molhado em leite. Bato tudo junto no liquidificador e despejo em uma forma de bolo inglês untada com manteiga e polvilhada com farinha de rosca. Levo ao forno em banho-maria durante uma hora e meia. Deixo esfriar e desenformo. Gosto muito de servir com molho golf caseiro e abacate cortado em gomos.

Quanto ao molho golf, gosto de fazê-lo à base de uma maionese caseira. Bato 1 ovo com 100 cc de azeite e um pouco de suco de limão siciliano até conseguir uma emulsão bem cremosa. Então acrescento uns 50 g de ketchup, sal e pimenta-do-reino, e continuo batendo para misturar todos os ingredientes.

Torta
de espinafre com ricota ou de alcachofra

Meus bisnetos Manu e Emi adoram torta de espinafre ou acelga. Estou contando para desmistificar essa história de que as crianças não gostam de verdura! O que acontece é que não se tem o costume de oferecer verdura às crianças, então, como vamos querer que elas gostem de um sabor desconhecido?

Ingredientes

Massa

400 g de farinha de trigo especial

50 g de manteiga

1 ovo

Água suficiente

Sal

Modo de preparo

Massa

Coloco a farinha de trigo em forma de coroa. No centro, ponho a manteiga, o ovo, a água e o sal. Amasso tudo junto até obter uma massa suave e macia, fácil de esticar. Deixo a massa descansar coberta com um pano de prato ou em um saco plástico por aproximadamente meia hora, enquanto preparo o recheio.

Ingredientes

Recheio

1 ½ kg de espinafre ou acelga (cerca de 7 pacotes) ou 24 corações de alcachofra

2 cebolas

6 colheres de queijo ralado

3 ovos

Alho

½ kg de ricota (opcional)

Salsinha, orégano e sal a gosto

Modo de preparo

Recheio

Quando faço a torta de espinafre ou acelga, gosto de acrescentar um pouco de ricota para suavizar o recheio, mas é opcional. Quando faço de alcachofra, prefiro dispensar a ricota porque encobre muito o sabor. Fervo a verdura escolhida, escorro, pico bem e reservo. Refogo a cebola picada com óleo e acrescento a verdura. Refogo um pouco mais, retiro do fogo e acrescento o queijo ralado. Tempero. Acrescento 3 ovos e misturo.

Divido a massa em duas partes e abro. Pincelo com azeite e polvilho com abundante farinha, dobro pela metade e repito isso mais uma vez. Depois abro a massa de modo que fique de um tamanho maior do que a forma e a coloco nesse recipiente previamente untado com manteiga, tratando de cobrir bem as bordas.

Coloco o recheio. Faço alguns buracos nele e despejo um ovo cru em cada. Tampo com a outra metade de massa e fecho as bordas, pressionando com os dedos ou um garfo. Pinto a massa com azeite e coloco a torta em forno médio até que doure bem. Sirvo quente ou fria.

Matambre enrolado

Ingredientes

Cerca de 2 kg de matambre

1 kg de alcatra

300 g de bacon

2 l de leite

2 cenouras

4 ovos cozidos

1 cebola

½ kg de espinafre

1 dente de alho

Queijo ralado, sal e

farinha de rosca a gosto

Modo de preparo

Deixo o matambre de molho no leite durante uma noite inteira. No dia seguinte, retiro a gordura, lavo com água fria e seco. Então o estico bem para poder rechear.

Preparo o recheio com um pouco de espinafre cru misturado com cebolinha bem picada e dois dentes de alho, também picados. Além disso, um pouco de farinha de rosca e queijo ralado. Estendo essa preparação sobre o matambre. Também corto as cenouras em palitinhos, e o bacon e a alcatra em tirinhas. Os ovos cozidos são colocados inteiros na ponta para que, uma vez que a carne é enrolada e cortada, mantenham a forma do ovo inteiro.

Enrolo o matambre, pressionando-o com as mãos. Então o envolvo em papel alumínio e amarro bem apertado com um barbante. Coloco em uma assadeira e levo ao forno médio para que se cozinhe em banho-maria. À medida que a água vai secando, vou acrescentando mais. Está pronto quando espetamos o matambre e vemos que está cozido.

GUARDS &

Empanadas de cebola

Quando Alberto, meu marido, resolveu não comer mais carne, tive que modificar a maioria dos menus da nossa casa. Estas empanadas de cebola se tornaram o substituto perfeito das típicas de carne. Tanto que hoje são um clássico de nosso restaurante Casa del Visitante, onde, pelo que me contam, são um dos pratos mais pedidos.

Ingredientes

Massa

500 g de farinha de trigo especial

150 g de manteiga

1 colher de açúcar

3 gemas

2 colheres (chá) de fermento em pó

¾ xícara de leite

½ colher (chá) de sal

Recheio

1 kg de cebola

300 g de manteiga

3 ovos cozidos

Modo de preparo

Misturo todos os ingredientes secos com a manteiga e com eles formo uma coroa. No centro, coloco as gemas e o leite à medida que vou fazendo a massa. Faço uma bola e deixo descansar na mesa durante meia hora. Então a estico até deixar com meio centímetro de espessura e corto conforme necessário.

Corto a cebola em *julienne* e refogo na manteiga. Quando está bem cozida, tempero com bastante orégano e sal, e monto as empanadas.

Em cada empanada acrescento pedacinhos de ovo cozido.

Bifes à argentina

Um prato que sinto falta de cozinhar são os bifes de fígado com cebola e um molho à base de salsinha. É uma receita que ninguém mais faz, mas com a qual eu juro que criei meus filhos... E eles adoram! Agora, como o fígado não é um corte da moda, em geral acabo fazendo bifes à argentina.

Ingredientes

1 kg de alcatra cortada em bifes meio grossos

1 kg de batata

1 colher de salsinha picada

2 pimentões vermelhos

2 cebolas

3 tomates

½ xícara (café) de azeite

1 concha de caldo

Orégano, sal e pimenta-do-reino a gosto

Modo de preparo

Tempero os bifes com sal e pimenta-do-reino. Descasco as batatas e corto em fatias grossas. Pico a salsinha, corto os tomates em rodelas, e as cebolas e os pimentões em *julienne.* Coloco, em uma panela ou frigideira grande, ½ xícara (café) de azeite e aqueço bem. Retiro do fogo e acomodo uma camada de bifes, uma de batatas, outra de tomates, outra de pimentões e cebolas, e tempero com salsinha, orégano, sal e pimenta-do-reino. Continuo montando as camadas até terminar os ingredientes. Despejo o caldo por cima e cozinho por mais 10 minutos em fogo alto.

Depois deixo tudo em fogo baixo até terminar de cozinhar. Sirvo quente.

Bolinhos de arroz

Tradicionalmente, faço bolinhos de arroz como um dos pratos da mesa de Ano-Novo, porque dizem que começar o ano comendo arroz traz riqueza e prosperidade.

Ingredientes

1 xícara de arroz integral ou comum

3 ovos

3 colheres de queijo ralado

Farinha de rosca suficiente para empanar

Salsinha picada

Modo de preparo

Misturo o arroz já cozido com o queijo ralado, a salsinha e o sal. Acrescento o ovo.

Com as mãos, dou forma de pequenas bolas (devem ficar mais ou menos do tamanho de um ovo) e empano com farinha de rosca. Frito em óleo quente e termino de cozinhar no forno, em uma assadeira.

Tomaticán cuyano

O tomaticán cuyano é uma receita típica de Mendoza. Em geral é feita no verão. Enquanto as famílias se reúnem para fazer molhos e conservas de tomate, é muito comum surgir como uma comida rápida e fresca para depois poder continuar a tarefa.

Ingredientes

250 g de farinha de trigo

3 ovos

¾ l de leite

½ colher (chá) de sal

1 colher (chá) de açúcar

1 colher (chá) de manteiga derretida

Modo de preparo

Em uma tigela, misturo os ovos com o sal, o açúcar e um pouco de leite. Acrescento a farinha de trigo aos poucos e mexo com uma espátula de madeira. Adiciono o restante do leite devagar e, por último, a manteiga derretida.

Se empelotar, pode-se passar a massa, que deve ficar semilíquida, por um coador. Deixo descansar por aproximadamente 30 minutos.

Frito em uma panquequeira, movendo-a para que a massa se distribua por toda a superfície. Uma vez que está pronta de um lado, com a ajuda de uma espátula, viro e frito do outro.

Pasta para panqueques

Ingredientes

Harina, 250 g

Huevos, 3

Leche, ¾ l

Sal, ½ cdita.

Azúcar, 1 cdita.

Manteca derretida, 1 cdita.

Modo de preparo

En un bol mezclo los huevos con la sal, el azúcar y un poco de leche. Agrego poco a poco la harina y revuelvo con espátula de madera. Añado la leche, pausadamente y, por último, la manteca derretida. Si quedan grumos, pasar la pasta, que debe quedar semilíquida, por un tamiz. Dejo reposar aproximadamente por 30 min.

Cocino en una panquequera, moviéndola para que la pasta se distribuya por toda la superficie. Una vez que está cocida de un lado, con la ayuda de una espátula, se da vuelta y se cocina del otro.

As panquecas podem ser servidas com recheio doce ou salgado.

Filé mignon à jardineira

Ingredientes

1 peça de filé mignon (cerca de 2 kg)

3 cenouras

½ kg de ervilhas

4 batatas

½ kg de vagem

Queijo ralado a gosto

Pimenta-do-reino a gosto

Sal a gosto

Azeite suficiente

Modo de preparo

Escolho uma boa peça de filé mignon, recheio com cenoura e queijo ralado e tempero com sal e pimenta-do-reino.

Cubro com um pouquinho de azeite e levo ao forno médio até conseguir o ponto de cocção desejado. À parte, asso também as cenouras, as ervilhas, as batatas e a vagem, todos separados.

Depois refogo os vegetais com azeite temperado com sal e pimenta-do-reino. Na hora de servir, coloco a carne com o caldo em uma travessa e os vegetais em volta.

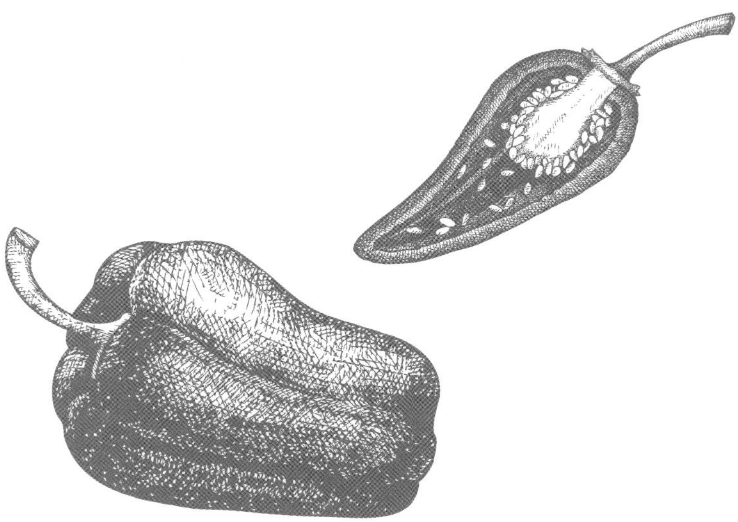

Escondidinho de batata

Ingredientes

2 kg de batata

1 kg de carne picada ou moída

1 ½ kg de cebola

4 ou 5 ovos cozidos

½ xícara de azeite

Páprica a gosto

Gema de ovo batida

Sal a gosto

Modo de preparo

Cozinho as batatas e preparo um purê bem cremoso; para isso, é necessário acrescentar leite e um pedacinho de manteiga e bater bem.

Em uma panela ou frigideira, coloco meia xícara de azeite. Quando está bem quente, acrescento a cebola cortada em *julienne* fina e, antes de que termine de cozinhar, acrescento a carne, e deixo que se cozinhe em fogo médio. Se minar muita água, pode-se polvilhar uma colher (chá) de farinha de trigo e terminar de cozinhar. Tempero a gosto, acrescentando também 1 ou 2 colheres (chá) de páprica.

Unto uma travessa refratária com manteiga e coloco um pouco de purê; por cima, coloco o recheio de carne e uma camada de ovo cozido cortado em pedacinhos, depois cubro com a metade do purê restante. Pinto a superfície com gema de ovo batida e levo ao forno pré-aquecido a 180 °C, até dourar.

Outra opção de que gosto muito é cobrir a travessa com massa, de modo que o escondidinho fique completamente coberto.

Pão de carne

Ingredientes

1 kg de carne moída de primeira

4 ovos

200 g de queijo ralado

100 g de farinha de rosca

1 cebola picada

1 pimentão vermelho

Alho e salsinha a gosto

Modo de preparo

Misturo a carne com os demais ingredientes e tempero com sal e pimenta-do-reino. Coloco a mistura em uma forma de bolo inglês previamente untada com manteiga e polvilhada com farinha de rosca. Cozinho no forno em banho-maria a 100 °C durante cerca de 1 hora e meia (o tempo de cocção depende muito do gosto de cada um: ao ponto ou bem passado).

Desenformo, corto em rodelas e sirvo acompanhado de saladas verdes ou purê.

Abobrinhas recheadas

Ingredientes

6 abobrinhas

¾ xícara de arroz integral cozido

2 cebolas

4 ovos

3 colheres (chá) de queijo ralado

Alho, salsinha, sal e azeite a gosto

Modo de preparo

Preparo as abobrinhas para rechear cortando uma fatia no comprimento. Guardo essa fatia, porque depois vou usar para tampar as abobrinhas novamente. Refogo com óleo a cebola picada e a polpa das abobrinhas. Quando as abobrinhas estão quase cozidas, misturo com o arroz, os ovos, o queijo e a salsinha, e tempero. Em uma travessa refratária, coloco as abobrinhas já recheadas com um pouquinho de água e levo ao forno até que terminem de amolecer. Ao recheio também podemos acrescentar pedacinhos de muçarela. Antes de servir, cubro com molho branco ou de tomate.

Como opção, as abobrinhas também podem ser recheadas com purê de milho ou com carne.

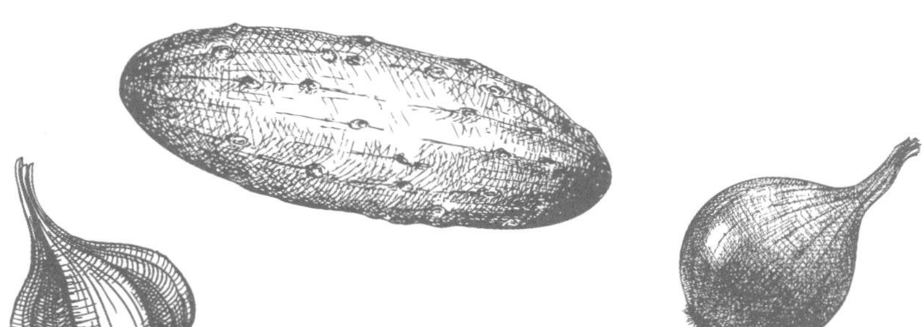

Sopa de abóbora

Na minha casa, sempre acrescentamos um generoso fio de azeite à sopa na hora de tomar. Principalmente Miguel, que põe azeite em tudo, já o vi colocando até no sorvete!

Ingredientes

1 kg de abóbora

2 cebolas

1 l de água

1 l de leite

Azeite ou manteiga suficiente

Queijo ralado, louro e sal a gosto

Modo de preparo

Refogo a cebola picada bem fininha com azeite ou na manteiga. Acrescento a abóbora cortada em cubos e cozinho junto com a água, o sal e o louro. Quando a abóbora está cozida, bato no liquidificador ou amasso com espremedor de batata. Volto a sopa ao fogo e acrescento o leite. Pode ser servida com cubinhos de pão dourados no forno, ou fritos, e salsinha picada.

Para uma sopa mais leve, é preferível usar leite sem lactose.

Berinjelas à napolitana

Ingredientes

6 berinjelas

1 ½ kg de cebola

1 kg de tomates médios

Muçarela suficiente

Orégano, pimenta-do-reino e sal a gosto

Modo de preparo

Descasco as berinjelas e as corto em quadradinhos, coloco um pouco de sal e deixo descansar por cerca de 1 hora. Depois lavo bem e deixo escorrer. Por outro lado, corto a cebola em *julienne* e refogo em um pouco de óleo. Antes que termine de cozinhar, acrescento as berinjelas e o tomate descascado e picadinho. Cozinho tudo em fogo médio até que esteja bem cozido. Acrescento um pouco de orégano, sal e pimenta-do-reino. Em uma travessa refratária, coloco uma camada de berinjelas e uma de muçarela. Prefiro deixar a travessa no forno quente para que se gratine, mas é uma questão de gosto.

Arroz basmati com miúdos de frango

Ingredientes

5 ou 6 miúdos de frango

150 g de manteiga

1 cebola

2 cenouras

Um punhado de cogumelos desidratados (tipo champignon)

2 pistilos de açafrão

450 g de arroz basmati

2 ou 3 pimentões

3 conchas de caldo (ou água)

Louro a gosto

Pimenta-do-reino a gosto

Sal a gosto

Modo de preparo

Limpo os miúdos e corto em pedaços pequenos. Corto a cebola bem fininha e a douro na manteiga.

Acrescento os miúdos. Refogo um pouco e adiciono a cenoura, picada bem pequenininha; os cogumelos previamente hidratados, cortados em pedaços; o louro e o açafrão.

Tempero com sal e pimenta-do-reino, e acrescento o caldo ou água (deixando ferver um momento para que os miúdos cozinhem). Incorporo o arroz previamente cozido e os pimentões picados fininhos. Deixo cozinhar tudo em fogo baixo de 20 a 25 minutos.

O arroz deve estar cozido, mas no ponto, sempre o grão inteiro e macio.

Em época de ervilhas, gosto de colocar um bom punhado delas assim que acrescento os miúdos. Neste caso, adiciono um pouco mais de caldo.

Alcachofras recheadas

As alcachofras recheadas levam tempo, não são simples de fazer, mas são um sucesso garantido porque, como hoje ninguém tem muito tempo para cozinhar, parece que valoriza o prato ainda mais.

Ingredientes

6 alcachofras

1 ½ xícara de farinha de rosca

3 dentes de alho

Azeite suficiente

Salsinha a gosto

Queijo ralado a gosto

Orégano a gosto

Pimenta-do-reino a gosto

Sal a gosto

Modo de preparo

Limpo as alcachofras e retiro as folhas duras. Deixo a base plana para poder acomodá-los de pé na panela e pico o tronquinho junto com a salsinha e o alho. Misturo com os demais ingredientes. Coloco a mistura entre as folhas das alcachofras, acrescento meio litro de água fervente e cozinho até que estejam bem macias.

Sirvo imediatamente para que estejam quentes.

Filé mignon ao champignon

Ingredientes

1 kg de filé mignon (se for o miolo do filé mignon, melhor)

½ xícara (café) de azeite

5 g de manteiga

1 *bouquet* garni

½ l de vinho branco

200 ml de creme de leite

Champignons a gosto

Pimenta-do-reino e sal a gosto

Modo de preparo

Amarro a carne dando-lhe uma forma redonda. Tempero com sal e pimenta-do-reino, e selo em uma panela ou frigideira com um pouco de óleo em fogo alto.

Depois incorporo à cocção o bouquet garni, o vinho e a manteiga. Tampo e deixo ferver em fogo lento. Passados 40 minutos, acrescento os champignons, misturo bem e, por último, adiciono o creme de leite. Tampo de novo e deixo cozinhar por mais 10 minutos. Sirvo frio, já cortado em rodelas, junto com a guarnição de champignons. Gosto de acompanhar com purê de batata.

Canelones

Ingredientes

Panquecas

2 ovos

220 g de farinha de trigo especial

½ l de leite

20 g de manteiga derretida

Recheio de espinafre e ricotaa

1 kg de espinafre

1 xícara de molho branco

½ kg de ricota

Molho

Queijo ralado a gosto

Alho a gosto

Salsinha a gosto

Óleo suficiente

Pimenta-do-reino a gosto

Sal a gosto

Modo de preparo

Panquecas

Em uma caneca grande ou tigela, coloco os ovos, bato com um batedor de arame e acrescento a metade da farinha de trigo, mexendo suavemente. Intercalo com a metade do leite e misturo bem. Acrescento a manteiga derretida e o restante da farinha de trigo e do leite. Formo uma preparação suave e a deixo descansar por alguns minutos.

Coloco um pouco de manteiga em uma frigideira, levo a fogo alto e, quando está bem quente, acrescento 2 colheres da preparação anterior. Frito a panqueca de ambos os lados, desgrudando da frigideira com uma espátula e tomando cuidado para que não quebre. Preparo todas da mesma forma, uma por uma, e já estão prontas para rechear.

Recheio

Cozinho o espinafre, escorro, pico bem e reservo. Refogo com óleo o alho e a salsinha picados. Acrescento o espinafre e salteio um pouco. Tempero com sal e pimenta-do-reino. Retiro do fogo e adiciono a ricota e o queijo ralado. Recheio as panquecas e as acomodo em uma travessa previamente untada com manteiga. Cubro com molho branco ou de tomate e levo os canelones ao forno até que estejam bem quentes e gratinados.

Frango no sal

O frango no sal é um prato realmente prático. Gosto de fazer porque cozinho todos os domingos para um batalhão, venham ou não venham comer, sempre tem a mesma quantidade de comida. Mas, se eu fiz frango no sal e sobrou, logo posso transformá-lo em outra coisa.

Ingredientes

1 frango (cerca de 2 kg)

½ kg de sal grosso

Modo de preparo

Pego o frango e amarro as patas para dar-lhe forma. Cubro uma assadeira com sal grosso e coloco o frango por cima. Levo para assar em forno médio até que esteja cozido (a pele tem que estar completamente crocante). Sirvo com purê, batata assada ou saladas.

Lagarto à caçarola

Ingredientes

! kg de lagarto

½ xícara (café) de azeite

1 kg de batatas

1 bouquet garni

1 concha de caldo

1 cebola

1 tomate

1 copo de vinho

Sal e pimenta-do-reino a gosto

Modo de preparo

Tempero o lagarto com sal e pimenta-do-reino, selo com óleo e, uma vez selado, retiro o lagarto e douro, nesse mesmo óleo, as batatas descascadas. Adiciono o molho (o próprio líquido do cozimento batido no liquidificador), o *bouquet garni*, o caldo, a cebola, o tomate e o vinho. Tampo a panela. Deixo ferver devagar até que a carne e as batatas estejam cozidas.

Lasanha

Ingredientes

1 kg de farinha de trigo especial

18 gemas

2 colheres de azeite

400 g de espinafre

2 cebolas

500 g de muçarela fatiada

500 g de presunto fatiado

500 g de queijo parmesão

½ kg de ricota

Molho de tomate a gosto

Molho branco a gosto

Sal e pimenta-do-reino a gosto

Opcional:

½ kg de carne moída

Modo de preparo

Coloco a farinha de trigo em forma de coroa. Despejo no centro as gemas dos ovos e o óleo, e formo uma massa consistente e lisa. Deixo descansar por 30 minutos na geladeira.

Preparo molho de tomate (no caso de escolher a versão com carne, a acrescento neste momento). Separo um pouco de molho para usar depois.

Preparo o molho branco não muito grosso. Branqueio o espinafre em água fervente e, ao retirar, escorro bem e pico junto com as cebolas e refogo tudo com azeite. Tempero e, no último momento, acrescento a ricota mexendo bem.

Corto pequenos pedaços de massa e os estico de forma que fique o mais fina possível (com máquina, ou então com pau de amassar). Corto lâminas retangulares de mais ou menos 10 cm, reservo uma panela com água fervente para ir colocando uns seis pedaços por vez, deixo até que entrem em ebulição e os retiro com uma colher de pau. Então transfiro imediatamente para um recipiente com água fria.

Em uma travessa em banho-maria, coloco uma camada de massa, alternando com cada um dos recheios, incluindo a muçarela, o presunto e o queijo parmesão. Cubro a travessa com papel alumínio e levo ao forno durante 30 ou 40 minutos. Depois retiro o papel alumínio, coloco molho de tomate ou branco e levo ao forno por mais alguns minutos até que gratine.

Pizza de berinjelas

Ingredientes

Massa

400 g de farinha d
e trigo especial

1 colher de fermento biológico em pó

1 colher (chá) de azeite

Água morna suficiente

Sal a gosto

Recheio

1 berinjela grande (ou 2 médias)

200 g de queijo muçarela

2 tomates

Orégano a gosto

Modo de preparo

Misturo o fermento biológico com a farinha de trigo, acrescentando o azeite e, aos poucos, a água morna com o sal. Trabalho a massa até que fique mole e elástica, mas não pegajosa. Deixo descansar por uns 30 minutos e depois a estico como se estivesse forrando o fundo de duas assadeiras redondas previamente untadas com óleo. Uma vez ali, deixo que a massa continue descansando.

Corto as berinjelas no sentido do comprimento e, uma vez salgadas e escorridas, as frito e acomodo por cima da massa. Distribuo, também por cima da massa rodelas de tomate cortados bem finos. Polvilho com orégano e sal, e rego com azeite. Levo para assar em forno alto. Quando a massa está quase pronta, acrescento a muçarela e volto a levar ao forno até que doure.

Cebolas recheadas

Ingredientes

1 kg de cebolas grandes

2 cenouras

3 pãezinhos molhados em leite

3 colheres de queijo ralado

2 ovos

Óleo suficiente

Sal a gosto

Modo de preparo

Descasco as cebolas e as parto ao meio. Tiro as camadas do centro, tomando cuidado para que não quebrem. Pico os miolos de cebola, ralo as cenouras e refogo com óleo. Quando está tudo cozido, misturo com os pãezinhos molhados em leite e acrescento o queijo ralado e os ovos. Recheio as metades de cebola com essa preparação e as coloco em uma travessa refratária untada com manteiga. Levo para assar em forno brando até que dourem. Sirvo quentes.

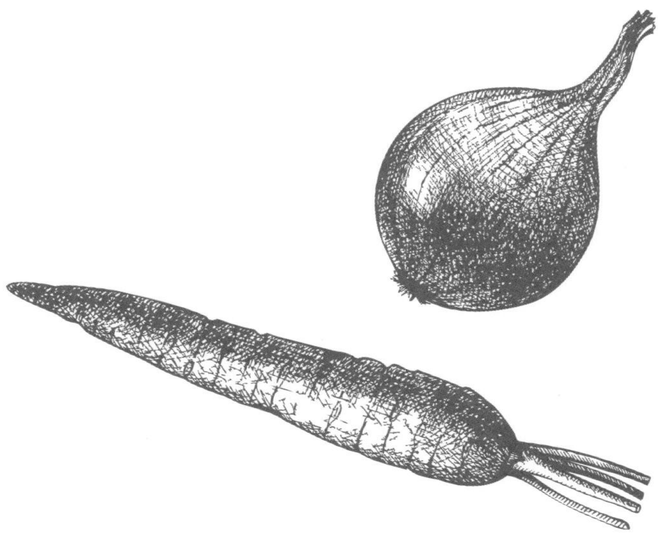

Milanesas à napolitana

Ingredientes

Milanesas

1 kg de carne (coxão mole ou o corte desejado)

4 ovos

Salsinha picada suficiente

Farinha de rosca suficiente

Sal e pimenta-do-reino a gosto

1 kg de muçarela

Molho de tomate

½ colher de azeite

2 cebolas grandes picadas fininhas

5 tomates maduros

1 folha de louro

1 copo de vinho branco

Sal e pimenta-do-reino a gosto

Modo de preparo

Milanesas

Bato los huevos con un tenedor y les agrego el perejil picado, la sal y la pimienta. Paso las milanesas por esa preparación y las golpeo sobre el pan rallado. Una vez preparadas, las frío o las meto en el horno, dándolas vuelta y vuelta hasta que se doren.

Molho de tomate

Doro apenas las cebollas en el aceite de oliva, agrego los tomates pelados y picados, y frío a fuego fuerte agregándoles el laurel, el vino, la sal y la pimienta. Dejo cocinando a fuego lento hasta que la salsa se espese.

Coloco las milanesas en una bandeja para horno con aceite de oliva para evitar que se peguen. Cubro la superficie de las milanesas con salsa y una rodaja generosa de queso cremoso, llevo al horno hasta derretir el queso.

O presunto é opcional, quando eu uso, coloco por baixo da muçarela.

Dobradinha (mondongo)

Quando os meus filhos eram pequenos, como acontece em todas as casas, havia alguns pratos de que eles não gostavam. José, por exemplo, tinha disso, e um dia eu lhe disse que, de tudo o que ele não gostava, só podia escolher três coisas, todas as outras ele tinha que comer! E ele, decidido, disse que os três pratos que nunca comeria seriam a polenta, as berinjelas e o mondongo.
Foi assim que, durante toda a sua infância e parte de sua juventude, permiti que ele não os comesse... Tinha certeza absoluta de que mais cedo ou mais tarde ele ia querer prová-los, e não me enganei, porque hoje José adora esses três pratos!

Ingredientes

- 2 cebolas
- 1 pimentão
- 4 tomates
- 1 kg de dobradinha (bucho)
- Vinho branco suficiente
- 1 xícara de ervilhas frescas
- 2 cenouras raladas
- 1 ramo de aipo
- Louro a gosto
- Pimenta-do-reino a gosto
- Sal a gosto

Modo de preparo

Corto as cebolas e o pimentão em *julienne*, e os tomates, em cubinhos. Douro tudo com óleo. Coloco a dobradinha para ferver com água junto com o aipo, o louro e o sal, até que fique macia. Deixo esfriar e corto em tiras finas. Junto com uma taça de vinho branco, acrescento a dobradinha ao refogado e deixo ferver no vinho durante alguns minutos.

Acrescento as ervilhas frescas e as cenouras raladas, e deixo cozinhando por mais alguns minutos.

Para quem gosta, podemos acrescentar queijo ralado na hora de servir.

BIG
BOATS

Mendoza é montanha. A cordilheira dos Andes determina seu caráter, seu clima e seu solo. É a pureza do sol e a palidez do deserto sulcada por duas artérias que lhe dão vida: a água do desgelo e o trabalho do homem.

Na mesa de minha avó Emma, essas figuras reaparecem: o que comemos é sempre um pedacinho dessa história. Os sabores dizem sobre a singularidade do lugar, sobre a tensão entre o possível e o hostil, e falam, bem ali, da vida do homem marcada pela imigração italiana e pela sua convivência com a aridez.

Lembro que meu avô nos levava aos limites de nossa fazenda de Santa Rosa, onde terminava o vinhedo e só um alambrado a separava do deserto. Sobre essa borda que desenhava todo o dramatismo da natureza, ele nos contava que, se o homem não trabalha, não rega, não luta, o deserto avança porque busca recuperar o que alguma vez lhe pertenceu. Para nós, que brincávamos entre as vinhas aos sábados pela manhã, o relato completava uma aventura vivida em bicicleta ou a cavalo. Um mito que falava de nosso futuro, e que definiria nossa forma de perceber e respeitar a terra quando a brincadeira se transformasse em trabalho e paixão.

Naquela época, as jornadas eram interrompidas na hora do almoço. Na sesta de Santa Rosa, havia certa solenidade e entusiasmo quando abríamos a marmita que minha avó nos preparava para comer, atenta aos gostos de cada um e privilegiando os comandos da estação. De sua cozinha à fazenda, e de suas mãos à nossa partilha desordenada, onde se dividiam as sopas de cebola, abóbora ou tomate; as milanesas de berinjela; a torta de cebola ou a salada de escarola, para mencionar alguns pratos.

A cozinha de minha avó fala muito de seu caráter. Seu olhar generoso toca aquela origem italiana, mas só para reconfigurá-la, para traduzi-la e para fazê-la nascer de novo em uma origem mendocina que acaricia nossos gostos e necessidades. Sua imagem é a de uma mesa sempre posta e convidando, com cadeiras que se somam para rostos que envelhecem e pequenas novas bocas que comem com as mãos. Uma presença que aglutina; que cria laços e momentos; que tece conversas enquanto se tece família. Um jantar e um almoço em permanente começo, sobre a mesma toalha e a mesma mesa.

Sebastián Zuccardi

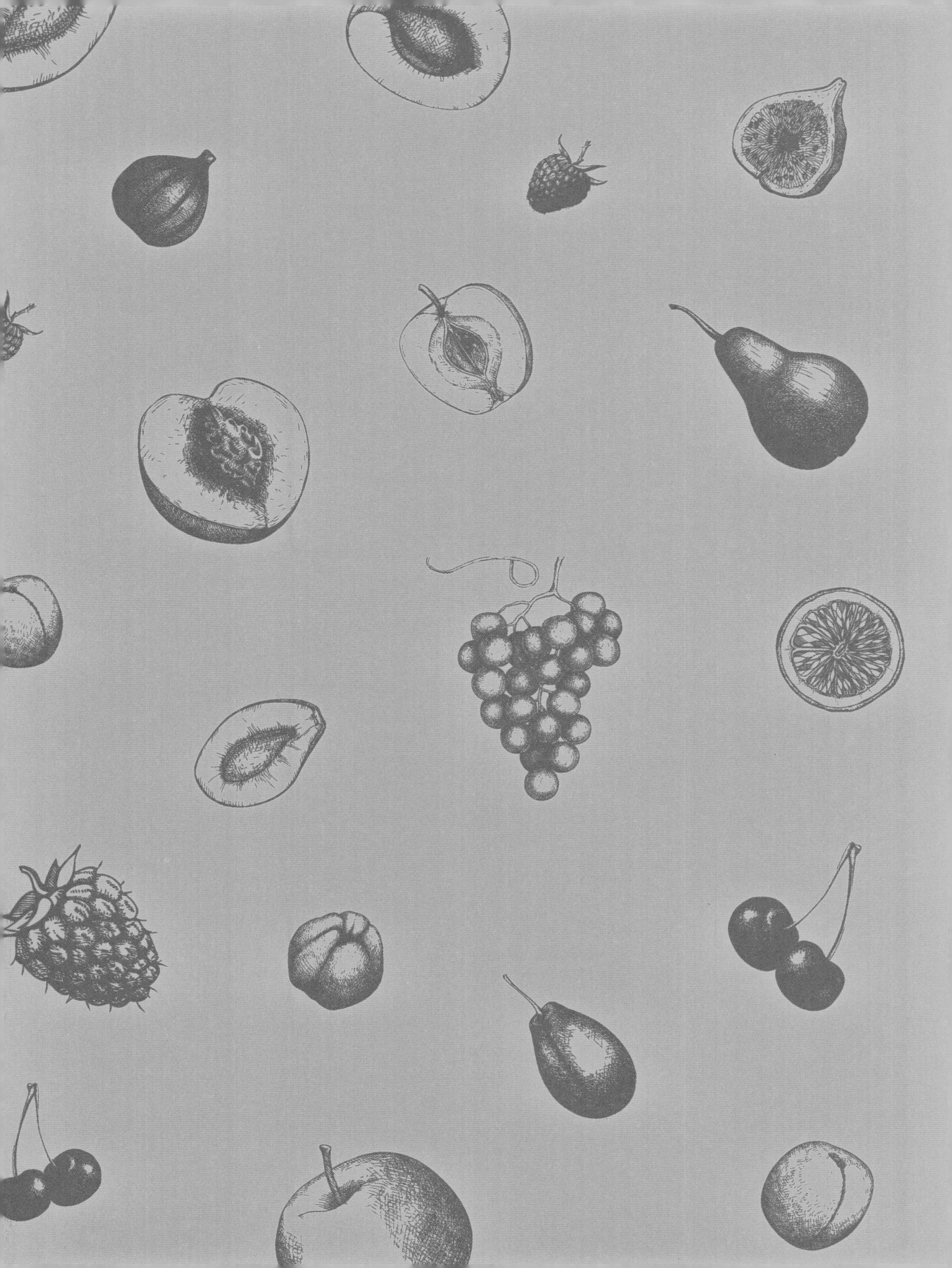

receitas

DOCES

Biscotti

Para mim, a hora do chá é muito importante. É um momento que desfruto, inclusive quando estou sozinha. Será porque na minha casa nunca se tomou mate? E ainda que eu o tenha incorporado com o tempo, principalmente enquanto estudava (porque o mate é a bebida que melhor acompanha quem está fazendo alguma coisa), o chá continua sendo a bebida que eu gosto de tomar à tarde.

Ingredientes

300 g de farinha de trigo especial

1 colher (chá) de fermento em pó

2 ovos

250 g de açúcar

1 gema

150 g de frutos secos (nozes ou amêndoas)

Modo de preparo

Bato os ovos com a gema e o açúcar até clarear. Incorporo os frutos secos inteiros e depois acrescento a farinha de trigo com o fermento em pó. Misturo bem todos os ingredientes e deixo a massa descansar por uns 5 ou 10 minutos.

Divido a massa em três partes iguais e a coloco em uma assadeira forrada com papel manteiga. Levo para assar a 180 °C por uns 15 ou 20 minutos. Retiro do forno e deixo amornar um pouco. Corto (com faca de serrinha) fatias finas e volto a levar ao forno a temperatura de 100 °C até secarem bem. Guardo em um frasco hermético para que não umedeçam.

Biscoito de vinho com Chenin doce

Minhas bisnetas Helena e Isa são fãs destes biscoitos. Por isso, quando faço, sempre preparo muita quantidade para que, quando me visitem, elas levem para casa.

Ingredientes

2 xícaras de vinho Chenin doce

2 xícaras de açúcar

½ xícara de azeite (o mais suave)

Farinha com fermento suficiente

Modo de preparo

Em uma tigela, coloco o vinho, o azeite e o açúcar. Mexo bem e acrescento lentamente a farinha com fermento até obter uma massa semidura. Estico a massa com um pau de amassar, deixando com uma espessura mais fina. Corto a massa em tiras para formar os biscoitos da medida desejada. A massa não deve ficar muito tempo em repouso, porque começa a soltar azeite. Levo para assar em forno baixo ou médio até que dourem.

Torta de maçã e aveia

Ingredientes

Massa

250 g de farinha integral misturada com um pouco de farinha com fermento

Açúcar a gosto

3 gemas

4 colheres de água

Recheio

Purê de 3 maçãs (se forem verdes, melhor)

4 claras batidas em neve

½ xícara de aveia

50 ou 70 g de manteiga

250 g de açúcar

Modo de preparo

Massa

Faço uma coroa com as farinhas e coloco no meio as gemas, a água e o açúcar. Mexo com uma colher de pau e no final amasso levemente para terminar de formar uma mistura homogênea. Estico a massa e forro uma forma de 28 cm.

Recheio

Preparo o purê de maçã (podemos acrescentar uvas-passas ou amêndoas). Incorporo ao purê as claras batidas em ponto neve com movimentos envolventes. Sobre essa preparação, coloco uma mistura (que trabalho com as mãos até ficar como uma farofa) de 1 ½ xícara de aveia com 50 ou 70 g de manteiga e açúcar.

Levo para assar em forno médio durante 30 ou 40 minutos, até que esteja dourada.

Bolo de nozes

Ingredientes

475 g de farinha de trigo especial

200 g de manteiga

250 g de açúcar

100 g de nozes picadas

4 gemas

1 xícara de leite

1 colher de essência de baunilha

3 colheres (chá) de fermento

Raspas de limão siciliano

Modo de preparo

Em um recipiente, coloco a farinha de trigo junto com a manteiga. Desmancho a manteiga com os dedos até integrá-la com a farinha e adiciono 250 g de açúcar e 100 g de nozes picadas. Misturo bem a preparação.

À parte, em uma caneca grande ou tigela, bato as 4 gemas. Depois adiciono 1 xícara de leite. Uno essa mistura à preparação anterior e, por último, acrescento 1 colher (chá) de essência de baunilha, 3 colheres (chá) de fermento e raspas de limão siciliano. Mexo muito suavemente para misturar tudo e coloco em uma forma redonda com furo no meio. Levo para assar em forno brando durante aproximadamente uma hora.

Uma vez assado, desenformo sobre uma grelha e deixo esfriar. Quando está frio, polvilho açúcar de confeiteiro por cima.

Pudim

Ingredientes

1 lata de leite condensado (400 g)

4 ovos

Água morna (medida da lata de leite condensado)

Açúcar suficiente

Modo de preparo

Bato muito bem o leite condensado com os ovos. Depois acrescento a água e continuo batendo até que fique tudo bem misturado. Com o açúcar, faço um caramelo para untar uma forma de bolo ou pudim e nela coloco a preparação.

Coloco a forma em banho-maria em uma panela em fogo muito baixo. O tempo de cocção depende do tamanho da forma, mas é de aproximadamente 35 a 40 minutos. Quando está cozido (verifico espetando o pudim com uma faca, como se faz com os bolos), apago o fogo e deixo esfriar para poder desenformar. Se quero fazer um pudim maior, duplico a quantidade de ingredientes.

Scons

Ingredientes

500 g de farinha de trigo

150 g de manteiga fria

4 colheres (chá) de fermento em pó

100 g de açúcar

1 pitada de sal

2 ovos

1 xícara (café) de leite frio (pode ser substituído por ricota)

Modo de preparo

Em um recipiente fundo, coloco a farinha e a manteiga fria (eu a desmancho trabalhando-a com os dedos e ao mesmo tempo misturando com a farinha até que não se note mais). Acrescento então o fermento em pó, o açúcar, o sal e misturo bem tudo. Faço um buraco no meio e despejo os ovos e o leite frio. Mexo com uma colher de pau até que todos os ingredientes estejam bem unidos, formando uma massa que não seja nem muito mole nem muito consistente.

Polvilho a bancada com um pouco de farinha, coloco a massa sobre ela e amasso levemente com um pau de amassar (só para terminar de unir a massa), deixando com 1 ½ cm de espessura.

Com um cortador de massa, corto os scons e os acomodo em uma chapa ou assadeira, previamente untada com manteiga e polvilhada com farinha. Pincelo com ovo batido e levo ao forno a temperatura média durante 15 ou 20 minutos.

Se for necessário acrescentar mais leite, devemos colocar aos poucos, junto com os ovos.

Para que os scons não se torçam enquanto assam, depois de pincelar com ovo, eu os cubro com papel manteiga durante os primeiros minutos de forno. Uma vez que já ganharam forma e cresceram, retiro o papel para que terminem de dourar.

Peras ao vinho tinto

Ingredientes

8 peras

1 ½ litro de vinho tinto

400 g de açúcar

Casca de 1 laranja

1 canela em pau

Modo de preparo

Em uma panela, coloco as peras na vertical (conservando o cabinho que elas têm) e levo para ferver, em fogo alto, junto com todos os ingredientes. Depois abaixo o fogo e deixo que cozinhem por volta de uma hora e meia (o tempo de cocção varia conforme o tipo e o tamanho da pera). Então as sirvo frias e, às vezes, com creme de chantili.

Bolo Rainha Mary

Ingredientes

150 g de manteiga

200 g de açúcar

3 ovos

1 ½ colher (chá) de essência de baunilha

200 g de farinha de trigo

2 colheres de fermento em pó

1 xícara de leite

1 xícara de compota de maçã

Modo de preparo

Misturo a manteiga pomada com o açúcar até formar um creme. Depois acrescento os ovos um por um, batendo bem. Acrescento a essência de baunilha. Peneiro juntos a farinha de trigo e o fermento em pó, e os adiciono à preparação alternando com o leite. Com movimentos suaves e envolventes, uno bem a preparação e coloco a metade dela em uma forma de bolo inglês, previamente untada com manteiga e polvilhada com farinha. Em seguida despejo a compota de maçã e cubro com o restante da massa, tratando de deixar a compota no meio, bem coberta pela mistura do bolo. Levo para assar em forno médio durante 50 minutos. Desenformo ainda quente e, uma vez que esfria, polvilho açúcar de confeiteiro por cima.

Pastafrola

Ingredientes

300 g de farinha de trigo

150 g de manteiga

100 g de açúcar

2 gemas

2 ovos inteiros

½ kg de doce de marmelo

Essência de baunilha

Modo de preparo

Peneiro a farinha de trigo com 100 g de açúcar e depois misturo com 150 g de manteiga pomada. Amasso e acrescento os ovos um por um, até obter uma espécie de creme. Se a massa fica muito mole, acrescento um pouquinho de farinha. Estico a massa com pau de amassar e cubro uma forma de torta ou assadeira de bordas chatas. Separo um pouco de massa para fazer a trança por cima do doce. Uma vez que cobri a forma, despejo meio quilo de doce de marmelo já amolecido em uma panela com um pouquinho de vinho ou licor. Levo a pastafrola ao forno brando durante aproximadamente 40 minutos.

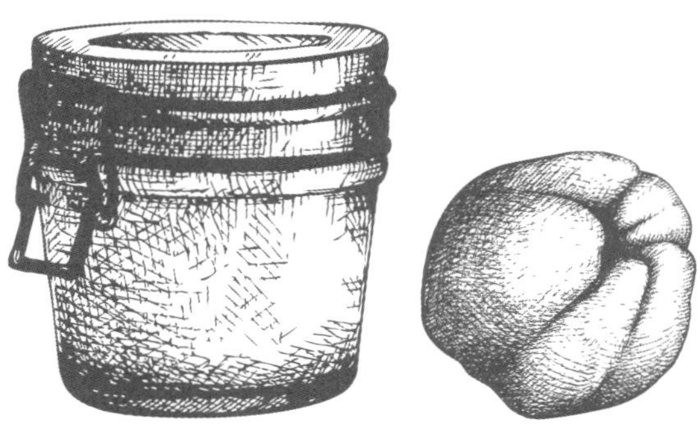

Arroz-doce

Ingredientes

1 ½ l de leite

150 g de arroz

200 g de açúcar

Essência de baunilha suficiente

Canela em pó a gosto

Modo de preparo

Cozinho o arroz junto com o leite em fogo baixo durante uma hora e meia. Acrescento o açúcar e a baunilha, e deixo ferver mais um pouquinho (em vez da baunilha, também podemos acrescentar a casca de um limão siciliano). O arroz deve ficar bem cozido, um pouco grosso e cremoso. Quando esfria, polvilho canela em pó por cima.

Na minha casa, em geral, gosto de servir o arroz-doce em uma taça, com uma pera ao vinho por cima, para que a sobremesa seja mais completa.

Bolachas de aveia

Ingredientes

2 xícaras de açúcar mascavo

½ xícara de farinha de trigo

1 colher (chá) de extrato de baunilha

2 ovos

1 fio de leite

100 g de manteiga

Aveia em flocos grossos (suficiente para que a massa fique num ponto médio, nem muito mole nem muito dura)

Modo de preparo

Misturo o açúcar com a manteiga, o leite, os ovos e o extrato de baunilha. A essa preparação, acrescento a farinha de trigo e toda a aveia necessária até obter uma massa, que estico sobre uma bancada untada com manteiga e polvilhada com farinha. A massa deve ficar com 1 cm de espessura.

Com um copinho ou cortador de massa, corto as bolachas e levo para assar em forno médio durante aproximadamente 30 minutos.

Bolo inglês

Ingredientes

3 xícaras de farinha de trigo especial

¾ da xícara de leite

100 g de manteiga

2 ovos

1 colher (chá) de fermento em pó

¾ da xícara de açúcar

Raspas de ½ limão siciliano

½ xícara de uvas-passas

½ xícara de frutas cristalizadas

Modo de preparo

Bato o açúcar com a manteiga até obter uma pasta cremosa. Acrescento os ovos um por um, batendo bem. Peneiro a farinha de trigo com o fermento em pó e os acrescento aos poucos, alternando com o leite, à preparação anterior. Adiciono as uvas-passas e as frutas cristalizadas cortadas, previamente passadas pela farinha. Coloco a massa em uma forma retangular para pão, previamente untada com manteiga e farinha, e levo para assar em forno moderado por uma hora.

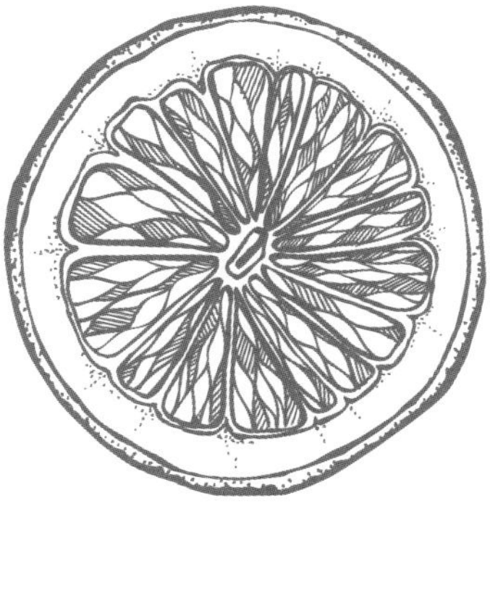

Torta de abóbora-chila

Ingredientes

Massa

50 g de farinha de trigo especial

50 g de manteiga pomada

50 g de farinha com fermento

1 ovo

50 g de açúcar

Raspas de limão siciliano ou de laranja

Recheio

Cerca de 200 g de doce de abóbora-chila

30 g de amêndoas descascadas

Modo de preparo

Misturo a manteiga pomada com o açúcar e depois acrescento as farinhas e as raspas de cítricos e, por último, o ovo. Amasso até obter uma massa lisa e depois a deixo descansar, enrolada em um pano de prato, durante uma hora na geladeira.

Forro uma forma para torta com a massa, pressionando-a no fundo da forma, e levo para assar em forno médio de 10 a 15 minutos ou até ver que corou. Uma vez assada e fria, recheio com de abóbora-chila e polvilho com amêndoas descascadas e picadas.

Este capítulo sobre conservas abre a porta de um lugar muito especial da cozinha e da mesa de minha avó Emma e, sem dúvida, sua despensa guarda parte dos sabores que mais a identificam.

Lembro desde que era muito pequeno a aventura que significava descer ao porão de sua casa e abrir a porta que levava à despensa – obviamente, no meu caso supervisado por Iris (seu braço direito na cozinha e na casa) para evitar as travessuras próprias da idade. Sempre pensei que esse cômodo cheio de frascos minuciosamente rotulados teria sido suficiente para atravessar duas guerras.

Um tempo depois, entendi que esse lugar guardava a marca de uma mulher generosa, meticulosa e decidida, que não deixa escapar nenhum detalhe quando se trata dos gostos de seus seres queridos: os pêssegos e figos para o meu pai, os tomates para Juli, os pimentões com alho para Seba, o pudim para Marce, o doce de pêssego para Anita, as berinjelas para Juani, os biscoitos para seus bisnetos e o doce de pera para mim são parte da longa lista de considerações que ela tem quando enche seu armário.

Não preciso dizer que domina com precisão as estações de cada produto, variedade e detalhes que só ela conhece, antecipando-se ao seu provedor em busca de escolher a melhor matéria-prima para cada conserva. Seus doces guardam o sabor da fruta fresca; seus pimentões, o queimado e a textura exata; suas berinjelas, o alho na medida certa, e assim poderia seguir, enumerando cada detalhe que foi mil vezes ensaiado e comprovado por ela.

Qualquer que seja a ocasião, sua mesa sempre está posta. Sua cozinha nunca fecha e abraça quem a visita. Cada um atesoura a comida de sua infância como momentos muito felizes nos quais os sabores se transformam em lembranças. Este livro não tem como objetivo ser um manual para cozinheiros, mas celebrar aquelas felizes oportunidades que nos reúnem ao redor de sua mesa.

Miguel Zuccardi

CONSERVAS

salgadas e doces

Noções importantes

Pré-aquecer os frascos

O objetivo de pré-aquecer os frascos é diminuir o choque térmico, porque o próximo passo para a realização das conservas é esterilizá-los em banho-maria, e a diferença de temperatura provoca a dilatação do produto embalado. Se o choque térmico for muito grande, é produzida uma grande pressão interna nos frascos, o que provoca rupturas ou perda de líquidos.

A forma de pré-aquecer um frasco é levá-lo ao fogo dentro de um recipiente com água, deixando que seu nível cubra três quartos da altura do frasco.

A hora de tampar os frascos é quando a água entra em ebulição. Podemos usar tampas metálicas, rosqueando com as mãos, ou tampas tipo coroa. Isso sempre é feito com luvas térmicas e é preciso tomar muitíssimo cuidado para não se queimar.

Antes de consumir uma conserva, podemos verificar se ela se manteve hermética observando se o frasco apresenta certa resistência ao abrir, nesse caso, ouviremos um som de sucção ou o típico estalo de abertura.

Esterilizar

A esterilização é feita em banho-maria, cobrindo os frascos por completo e deixando-os durante uma hora a partir do momento em que a ebulição começa. O tempo é importante porque a temperatura precisa chegar aos 93 °C no centro do conteúdo dos recipientes, pois muitas vezes os alimentos estão contaminados com micro-organismos.

Quando tampamos os frascos quentes, o produto está dilatado, e ao esfriar se contrai, produzindo vácuo, o que provoca hermeticidade.

Esfriar

É muito importante esfriar os recipientes de vidro, por exemplo, no caso dos tomates que, do contrário, se desfazem. Para reduzir sua temperatura, introduzimos os frascos em água fria, devagar e com cuidado para não quebrar.

Armazenar

As conservas em geral devem ser guardadas em lugares escuros, porque a luz as deteriora. Esses ambientes devem estar ao resguardo de cheios fortes e de altas temperaturas. O ideal é colocá-las em algum lugar com uma leve ventilação.

Escabeche de berinjelas

Em uma panela, coloco 1 parte de vinagre em 3 partes de água por quilo de berinjelas (essa quantidade de vinagre deve ser a mínima para manter um pH adequado; então, e conforme o gosto do consumidor, podemos utilizar uma proporção de 1 em 1 litro de água ou 1 em 2.

Gosto de descascar a variedade escura de berinjelas e deixar com casca as berinjelas que são rajadas.

Corto as berinjelas em rodelas ou tiras e as fervo na solução de vinagre e água durante 3 minutos. Nessa solução, acrescento algumas folhas de louro.

Depois, escorro as berinjelas e as embalo com grãos de pimenta-do-reino partidos, alho e alguns cravos-da-índia. Outra forma de temperar é acrescentar pimenta-vermelha moída, tomilho, páprica e alho. Por último, acrescento azeite e fecho bem. Pré-aqueço os frascos, tampo e os esterilizo durante 45 minutos.

Tomates italianos

Seleciono tomates de boa qualidade, preferentemente que tenham amadurecido no pé. Lavo com água em temperatura ambiente.

Para tirar a pele:

Coloco os tomates em um saco plástico perfurado, submerjo em água fervente durante 45 segundos, retiro e imediatamente transfiro para água fria durante 2 ou 3 minutos. Isso faz que a pele desgrude totalmente da polpa. Com uma faca, corto a intersecção do pedúnculo e aperto para retirar a pele.

Uma vez pelados, embalo os tomates de distintas formas:

Inteiros:

Coloco os tomates em um frasco de 1 kg e cubro com suco de tomate coado ou água. Em ambos os casos, acrescento 1 colher de vinagre para reduzir o pH. Podemos adicionar 1 ou 2 dentes de alho, alguns raminhos de manjericão, orégano ou tomilho.

Em metades:

Corto os tomates na transversal e tiro uma parte das sementes que têm nas cavidades (lóculos). Então embalo as metades, tratando de apertá-las o máximo possível na hora de colocar nos frascos, para que não fique ar em seu interior. Gosto de acrescentar 1 ou 2 dentes de alho, alguns ramos de manjericão, orégano e tomilho. Adiciono 1 colher de vinagre para reduzir o pH.

Triturados:

Podem ser triturados com pele ou sem ela, mas meu conselho é fazer sem. Trituro com uma máquina de moer carne, com furos grandes, e embalo em garrafas 1 l ou de ½ l, acrescentando 1 colher de vinagre por garrafa grande (ou ½ colher se for garrafa de ½ l). Pré-aqueço os frascos, tampo e esterilizo durante 1 hora os frascos grandes e 35 minutos os frascos pequenos.

Um detalhe importante, que talvez nem sempre levemos em consideração, é etiquetar cada conserva indicando seu conteúdo, data em que foi embalada e data estimada de vencimento, que usaremos como referência. Dessa forma, poderemos organizar o consumo, priorizando as que têm datas de vencimento mais próximas.

Pimentões em salmoura ou azeite

Para tirar a pele:

Coloco os pimentões inteiros sobre uma boca do fogão, direto na chama, até queimar a pele. Depois lavo para retirar a pele queimada; corto a tampa e tiro o miolo. Limpo as sementes que podem ter ficado, tomando cuidado para não quebrar os pimentões.

Embalado em salmoura:

Preparo uma salmoura com 5 g de sal e 3 colheres de vinagre por litro de água.

Embalo os pimentões nos frascos à medida que vou acrescentando a salmoura.

Embalado com azeite:

Introduzo os pimentões, durante 10 minutos, em uma solução aquosa preparada com 20 g de sal e 6 colheres de vinagre por 1 de água, para reduzir o pH; depois salgo ligeiramente. A proporção deve ser de 1 l por kg de pimentão pelado.

Em seguida, escorro bem e os coloco em um recipiente ou tigela com azeite, para que impregnem os pimentões. Por fim, transfiro para os frascos, cobrindo os pimentões com azeite; o processo é igual ao dos embalados em salmoura.

Pré-aqueço, fecho e esterilizo os frascos da mesma forma que para as demais conservas.

Aspargos em conserva

Receita para 11 frascos de 1000 g cada um

Esclarecimento importante!

Na hora de fazer conservas, é importante conhecer o pH dos alimentos. Os aspargos, por exemplo, possuem um grau de acidez muito alto que, conforme a variedade e o terreno em que foram cultivados, pode chegar a ter até 6 de pH. Isso implica risco de botulismo. Esse risco pode ser eliminado facilmente acrescentando uma proporção adequada de vinagre (ácido acético) ao líquido com o qual preenchemos os frascos embalados.

Lavo os aspargos: tiro os restos de terra e areia. Depois corto os aspargos da altura do frasco (os frascos devem ser de 1000 g).

Preparo o líquido de conserva misturando 1 l de vinagre branco com 3 l de água, certificando-me de que o pH no frasco se estabilize em 3,9, para eliminar assim qualquer possibilidade de contaminação.

Além disso, acrescento 2 g de cloreto de cálcio (CaCl2) por l de líquido de conserva para que o aspargo cozido mantenha a turgidez. Como exemplo, se preparo 1 l de vinagre e 3 de água, acrescento 8 g de cloreto de cálcio.

Embalo os aspargos na posição vertical, com o ápice para cima, que é a parte mais macia, tratando de que fiquem o mais apertados possível entre si; caso contrário, a quantidade de líquido adicionado no frasco aumenta, e isso faz aumentar a acidez do produto final.

Acrescento o líquido de cobertura dos aspargos à medida que vou enchendo o frasco.

Azeitonas retalhadas com cinzas de jume

Para fazer azeitonas retalhadas, recomendo que utilizem as variedades Arauco ou Sevilhana, porque são as que chegam a ter maior tamanho no momento da colheita; antes mesmo de que comecem a mudar de cor.

Para o retalhado das azeitonas, eu utilizo um retalhador ou chapa perfurada que tem 3 ou 4 lâminas em seu interior. Ao passar as azeitonas através deste, vão se produzindo os cortes longitudinais. Coloco esse retalhador sobre um garrafão de plástico ou de vidro de boca larga, de modo que, à medida que vou cortando, as azeitonas caem diretamente dentro do garrafão.

Quanto às cinzas de jume (o jume é um arbusto muito típico de Mendoza), eu as adquiro em ervanários e a proporção é de 3 kg de cinzas para cada 10 l de água. Faço os torrões de jume ferverem durante 5 minutos (vou rompendo os torrões à medida que a água ferve). Uma vez que o líquido esfria, acrescento as azeitonas retalhadas, que ficam flutuando nele. Deixo esse líquido alcalino agir durante aproximadamente 10 dias.

Retiro o líquido das azeitonas, as lavo e deixo correr pequenas quantidades de água com a intenção de que esta penetre até o fundo do recipiente e transborde pela parte superior durante cinco ou seis dias. Dessa forma, além de se lavar, as azeitonas perdem totalmente o sabor amargo.

Quando termino o lavado das azeitonas, eu as introduzo em uma salmoura de 1,5% com ramos de tomilho. Vinte e quatro horas depois de introduzidas em salmoura, as azeitonas retalhadas já estão prontas para consumo.

Noções importantes para doces

Modo de preparo

O procedimento para fazer os doces é sempre o mesmo. O que muda é a proporção de açúcar e de fruta e, em alguns casos, o modo como esta é cortada.

Em uma panela, coloco a fruta junto com o açúcar e cozinho tudo em fogo alto. Mexo com frequência. Quando está chegando no ponto, abaixo o fogo e controlo a cocção até que fique com aspecto de geleia.

Para saber quando está no ponto, coloco um pincelzinho na panela e tiro um pouco de doce. Deixo esfriar por alguns segundos; se o doce não escorre, é porque já está pronto.

No caso do doce de tomate, descasco os tomates (é preciso que espremê-los suavemente para tirar as sementes) e coloco para cozinhar em fogo baixo, acrescentando os cravo-da-índia.

Os frascos são lavados e fervidos durante 10 minutos, junto com as tampas, para esterilizar. Depois os escorro bem e preencho com o doce (que sempre coloco quente) e tampo. Volto a ferver os frascos cheios durante mais 45 minutos.

DOCES

Meu marido chamava o doce de abóbora-chila de "doce de barbante" porque é bem fiapento. E era habitual que os doces fizessem parte de nossas sobremesas. Mas, é claro, às vezes também íamos tomar um sorvete na Perin!

Ingredientes

Damasco

1 kg de damascos sem caroço (coloco a fruta partida ao meio na panela)

400 g de açúcar

Pêssego

1 kg de pêssegos sem casca nem caroço (corto a fruta em pedacinhos)

300 g de açúcar

Tomates

1 kg de tomates italianos maduros (descascados)

400 g de açúcar

3 cravos-da-índia

Pera

1 kg de peras sem casca nem caroço (corto a fruta em pedaços médios)

250 g de açúcar

Maçã

1 kg de maçãs sem casca nem caroço (ralo a fruta grossa, com ralador)

400 g de açúcar

Abóbora-chila

1 abóbora-chila

1 pau de canela

1 cravo-da-índia

300 g de açúcar

Laranja

1 kg de laranjas descascadas (sem a parte branca nem semente e cortadas em pedacinhos)

550 g de açúcar

Suco de 1 limão siciliano

Ginja

1 kg de ginjas sem caroço (deixo os caroços no meio de uma gaze ou pano limpo, submersos na preparação)

1 kg de açúcar (ou 800 g, se preferir um doce mais ácido)

Doce de marmelo

Quando eu era criança, minha mãe mandava bolachas com doce de marmelo para a minha merenda na escola: ela as recheava como se fossem sanduichinhos e arrumava cuidadosamente uma em cima da outra. É incrível como lembranças tão simples ficam gravadas na memória e no paladar para sempre.

Descasco 1 kg de marmelos e os corto em 4 partes (deixo as cascas e as sementes para depois fazer a geleia).

Coloco os marmelos para ferver até ficarem macios; tiro da panela (com um escorredor) e deixo esfriar. Uma vez que estão frios, eu amasso os marmelos com um espremedor de batatas e misturo 750 g de açúcar. Deixo essa pasta descansar.

Então coloco a pasta (de aproximadamente 1 kg) em um recipiente em fogo médio, para fazer a marmelada de corte. Mexo constantemente para que não grude. Quando a pasta começa a se soltar do fundo da panela (forma uma espécie de espuma), é porque o doce chegou no ponto.

Coloco o doce em formas previamente umedecidas com a água em que os marmelos foram fervidos. Desenformo uma vez que o doce esfria.

Geleia de marmelo

Na água onde fervi os pedaços de marmelo, coloco as cascas e as sementes para cozinhar, até ficar com um aspecto meio grudento. Então passo por um coador de pano (as cascas e as sementes vão ficar no pano, que escorro bem). Para cada 5 l de água, uso 1 kg de açúcar.

Em uma panela, coloco 2 l desse líquido em fogo alto. Percebemos quando vai chegando no ponto porque, ao inclinar a panela, vemos o fundo com espuminha. Para me certificar de que a geleia está no ponto, coloco uma colherada em um pires e, uma vez fria, verifico que tenha consistência de gelatina. Como no caso das outras geleias, encho os frascos enquanto ainda está quente e volto a fervê-los cheios durante 45 minutos.

O marmelo criollo, que é bem menorzinho, é mais ácido, e é o que eu mais gosto de fazer, mas hoje em dia quase não se encontra.

Doce de figo de corte

Pego pelo cabo 1 kg de figos pretos bem maduros e corto em 4 partes. Misturo com 250 g de açúcar. Cozinho durante 45 minutos ou 1 h aproximadamente, tomando cuidado para que não peguem no fundo da panela (tenho que chegar a uma pasta seca, que retiro do fogo e deixo esfriar). Uma vez fria, formo barrinhas, que coloco para secar sobre uma tábua de madeira previamente coberta com plástico filme.

Podemos acrescentar nozes ou amêndoas antes de colocar as barrinhas para secar. Uma vez prontas, embalá-las em papel adequado para doces.

Figos em calda

Fervo 1 kg de figos (comprovo que estão no ponto espetando com um palito) e, uma vez prontos, os coloco sobre um escorredor para que escorram bem. Coloco a água para ferver junto com 1 fava de baunilha e 2 ½ kg de açúcar durante 5 minutos. Só então acrescento os figos. Deixo ferver por alguns minutos, depois apago o fogo e deixo esfriar. Volto a fazê-los ferver uma segunda vez; dessa forma, os figos ficam muito mais impregnados de calda. Por fim, coloco em frascos assim como faço com as geleias.

O doce de tomate, o doce de uva e até mesmo esses figos, com ou sem queijo, sempre fazem parte do menu da sobremesa em minha casa.

Castanhas em calda

Para descascar as castanhas, coloco algumas por vez em água bem quente e faço um pequeno corte na parte de trás, tomando cuidado para não quebrar, e tiro a pele com a ajuda de uma faca pequena.

Para preparar a calda, uso a mesma quantidade de açúcar que de castanhas e o dobro de água, e acrescento baunilha. Cozinho a calda por alguns minutos e introduzo as castanhas. Deixo cozinhar até que as castanhas fiquem macias e a calda chegue no ponto.

Abóbora (zapallo angola) em calda

Descasco a abóbora, tiro as sementes e corto em pedaços retangulares e médios para dar um ligeiro fervor. Uma vez que estão cozidas, espeto com um palito, retiro e deixo esfriar.

Coloco em água com cal de 4 a 8 h (conforme a quantidade de cal adicionada).

Para preparar a calda, uso a mesma quantidade de açúcar que de abóbora e o dobro de água. Quando ferve, introduzo a abóbora e deixo cozinhar em etapas até que fique meio transparente. Acrescento uma fava de baunilha.

Quanto à água com cal, eu a preparo colocando, em um recipiente com água fria, alguns torrões de cal viva, que deixo que se dissolvam (se a água fica morna ou quente, significa que a cal está viva).

Batata-doce em calda

Entre março e abril, é época de batata-doce mendocina. É amarela e bem, bem doce. Temos que nos apressar porque o período é muito curto, mas é certo que vale a pena.

Em uma panela, coloco água com 1 pau de canela e levo a ebulição. Descasco 500 g de batatas-doces pequenas e corto em pedaços similares. Em seguida as coloco em água com o suco de meio limão siciliano.

Incorporo as batatas-doces à água fervente e cozinho por aproximadamente 5 minutos, tomando cuidado para que não amoleçam muito.

Em outra panela, preparo uma calda com 500 g de açúcar e 400 cc de água a 105 °C. Aromatizo com uma pitada de canela e 3 cravos-da-índia e incorporo as batatas-doces escorridas. Continuo cozinhando até que fiquem brilhantes.

Agradecimentos

Antes de tudo, quero agradecer aos meus queridos netos Sebastián, Miguel e Julia pelo empenho que tiveram em me proporcionar este belo livro e pelas doces lembranças que expressam.

Também devo reconhecer e agradecer enormemente às minhas colaboradoras Iris e Mary pelo inestimável afinco e pela dedicação, o que tornou sempre mais fácil e leve minha tarefa diária.

A cozinha de Emma. Receitas de uma família de Mendoza
Julia Zuccardi

Primeira edição.

Catapulta editores | R. Adib Auada, 35 Sala 310 Bloco C
Bairro: Granja Viana - CEP: 06710-700 - Cotia – São Paulo.
E-mail: infobr@catapulta.net - Web: www.catapulta.net

Edição: Victoria Blanco
Design gráfico: Lara Melamet
Corrección: Martina Serrot
Fotografia: Eduardo Torres e arquivo da família Zuccardi (com exceção da fotografia da página 104, de Mechi Fahz)
Assistência de fotografia: María Matilde Moisá Rosini
Edição fotográfica: Estudio Torres

ISBN 978-85-92689-81-0
Impresso na China em janeiro de 2020.

Zuccardi, Julia
A cozinha de Emma : receitas de uma família de Mendoza / Julia Zuccardi, Emma Zuccardi ; [organização Victoria Blanco ; tradução Fabiana Lima]. -- Cotia, SP : Catapulta, 2020.

Título original: La cocina de Emma : recetas de una familia mendocina
ISBN 978-85-92689-81-0

1. Culinária (Receitas) 2. Família - História
3. Família Zuccardi 4. Gastronomia 5. Mendoza (Argentina) I. Zuccardi, Emma. II. Título.

19-31795 CDD-641.5

Índices para catálogo sistemático:

1. Zuccardi, Emma : Receitas : Culinária 641.5
Maria Paula C. Riyuzo - Bibliotecária - CRB-8/7639